BEI GRIN MACHT SICH IHR
WISSEN BEZAHLT

AF131174

- Wir veröffentlichen Ihre Hausarbeit,
  Bachelor- und Masterarbeit

- Ihr eigenes eBook und Buch -
  weltweit in allen wichtigen Shops

- Verdienen Sie an jedem Verkauf

Jetzt bei www.GRIN.com hochladen
und kostenlos publizieren

GRIN

Bibliografische Information der Deutschen Nationalbibliothek:

Die Deutsche Bibliothek verzeichnet diese Publikation in der Deutschen National-bibliografie; detaillierte bibliografische Daten sind im Internet über http://dnb.d-nb.de/ abrufbar.

Dieses Werk sowie alle darin enthaltenen einzelnen Beiträge und Abbildungen sind urheberrechtlich geschützt. Jede Verwertung, die nicht ausdrücklich vom Urheberrechtsschutz zugelassen ist, bedarf der vorherigen Zustimmung des Verlages. Das gilt insbesondere für Vervielfältigungen, Bearbeitungen, Übersetzungen, Mikroverfilmungen, Auswertungen durch Datenbanken und für die Einspeicherung und Verarbeitung in elektronische Systeme. Alle Rechte, auch die des auszugsweisen Nachdrucks, der fotomechanischen Wiedergabe (einschließlich Mikrokopie) sowie der Auswertung durch Datenbanken oder ähnliche Einrichtungen, vorbehalten.

Der Autor dieser Arbeit ist kein Deutsch-Muttersprachler. Bitte haben Sie Verständnis für grammatikalische Fehler und Uneinheitlichkeiten im Ausdruck.

Impressum:

Copyright © 2011 GRIN Verlag, Open Publishing GmbH
Druck und Bindung: Books on Demand GmbH, Norderstedt Germany
ISBN: 9783668422261

Dieses Buch bei GRIN:

http://www.grin.com/de/e-book/288225/xiyouji-als-comic-ein-interkultureller-vergleich

Robert G. Price

Xiyouji als Comic. Ein interkultureller Vergleich

GRIN Verlag

GRIN - Your knowledge has value

Der GRIN Verlag publiziert seit 1998 wissenschaftliche Arbeiten von Studenten, Hochschullehrern und anderen Akademikern als eBook und gedrucktes Buch. Die Verlagswebsite www.grin.com ist die ideale Plattform zur Veröffentlichung von Hausarbeiten, Abschlussarbeiten, wissenschaftlichen Aufsätzen, Dissertationen und Fachbüchern.

Besuchen Sie uns im Internet:

http://www.grin.com/

http://www.facebook.com/grincom

http://www.twitter.com/grin_com

Der klassische chinesische Roman *Reise in den Westen* in seiner
Entwicklung vom historischen Stoff bis zum Film

Xiyouji als Comic

Robert G. Price

Inhalt

1. Xiyouji als Comic – Einleitung

Als der chinesischer Gelehrte WU Cheng'en (吴承恩 c.1500-c.1582[1]) - im 17.Jh seinen Roman *Reise in den Westen (Xiyouji* 西游记) schrieb, konnte er wahrscheinlich die Popularität, die diese Erzählung einmal haben würde nicht einmal erahnen, in der der Mönch Xuanzang unter Begleitung des Affenkönigs und anderer fantastischer Wesen nach Indien reiste, um die buddhistische Sutren wieder nach China zu bringen. Noch dreihundert Jahre später ist diese komödiantische Erzählung, die auf einer echten Reise nach Indien von dem real existierenden Mönch Xuanzang im 7. Jh. basiert, ein fester Bestandteil der chinesischen Kultur. Der Roman hat seine Spuren in fast allen Bereichen der chinesischen Populärkultur hinterlassen, und ist von der chinesischen Oper über Filme in vielen verschiedenen Medien in der chinesischen Populärkultur vertreten. Während des Seminars „Der klassische chinesische Roman in seiner Entwicklung vom historischen Stoff bis zum Film" wurden diese Spuren analysiert und zusammengefasst.

Anhand eigener langjähriger Erfahrung und Beschäftigung mit dem Medium Comic in Form von britischen und amerikanischen Comics, wird in dieser Arbeit das Thema Xiyouji als Comic untersucht. Schon bei der ersten Begegnung mit chinesischen Comics kann man feststellen, dass sich die chinesischen Comics von den westlichen sehr unterscheiden Diese Hausarbeit argumentiert, dass sich westliche und chinesische Comics nicht nur in Format und Inhalt, sondern auch in ihrer kulturellen Bedeutung unterscheiden.

Zunächst soll ein geschichtlicher Überblick zum Thema Bildsprache geliefert werden. Dann werden die Ursprünge und die Entwicklung von Comics in England und in China mit einer kurzen Hintergrunddarstellung des Comics in den USA, dargestellt.

Der nächste Teil der Arbeit bespricht die kulturelle Bedeutung von Comics in China sowie die Rolle und die Intention hinter dem Werk *Xiyouji* als Comic.

Letztendlich stellt die Hausarbeit einen Versuch dar, verschiedene Versionen von *Xiyouji* als Comic mit westlichen Comics zu vergleichen und den großen Erfolg von *Xiyouji* zu ergründen.

---

[1] Wu Cheng'en. *Encyclopædia Britannica 2009 Ultimate Reference Suite.* Chicago, 2009.

2. Abbildungen als Erzählmethode

a. Schriftsprache aus Bildern

Vor der Betrachtung der Entwicklung des Comics, soll das Prinzip des Erzählens durch Bilder analysiert werden. Das der Mensch Bilder als Kommunikationsmittel nutzt, ist ein für den Menschen spezifisches Phänomen. Keine andere Spezies der Erde hat von sich selbst aus[2] die Fähigkeit entwickelt, Gedanken durch Bildnisse auszudrücken – und das ist leicht zu beweisen. Trotz der Beharrlichkeit von einigen, dass sie als intelligenter Mensch nicht in Bildern denken, ist dies leicht zu beweisen.

Fordert man einen anderen Menschen auf die Augen zu schließen und an einen blauen Elefanten zu denken – was erscheint wohl zuerst? Das Bild eines blauen Elefanten oder einfach die Worte „blauer Elefant"? Mit dieser kleinen Demonstration kann ganz einfach bewiesen werden, dass, obwohl der Mensch intelligent ist und, obwohl er mittels einer Schriftsprache kommunizieren kann, die meisten Menschen denken letztendlich immer noch in Bildern. Auch in ihrem Buch „Thinking in Pictures" autistischer Erfinderin Temple GRANDIN beschreibt wie er als Kind gelernt hat, abstrakte Konzepte als Bilde zu verstehen, wie z.b. Frieden, die er als eine Taube sah, oder die Friedenspfeife der nordamerikanischen Indianer.[3]

Das Schriftsystem, das im Westen als Lateinisch identifiziert/bezeichnet wird, lässt sich bereits von Bildnissen ableiten. Der Buchstabe „A" (Aleph, Alpha), lässt sich von dem Bildnis des Kopfes eines Ochsens ableiten.[4] Tatsächlich lässt sich das erste Schreibsystem im Westen nach Wissen der Wissenschaftler erst zum 5. Jahrtausend v. Chr. zurückverfolgen.[5]

Seit den Ausgrabungen von Jiahu (1983 – 1987) ist es bereits umstritten, ob es sich bei den Inschriften, die auf Rückenpanzern von Schildkröten gefunden wurden, nur um geometrische Muster oder ein Art Proto-Schriftzeichen handelt. Wenn sie tatsächlich Schriftzeichen sind, dann könnte der Ursprung der Schreibkultur in China zwischen 7,000 und 5,800 v. Chr. datiert werden.

---

[2] Es gibt doch Beispiele von domestizierten Affen die malen und zeichnen - eine der bekanntesten Beispiele ist von einem männlichen Orang-Utan namens „Towan" des Zoos „Woodland Park" in Seatlle, USA, dessen Malerei mehrmals zum Geldgewinn des Zoos verkauft wurde. *Siehe*:
http://seattletimes.nwsource.com/html/localnews/2004168903_orangutan07m.html
[3] GRANDIN, Tempel. Thinking in pictures: and other reports from my life with autism. 2006. S.17
[4] HAARMANN, S.81.
[5] HAARMANN, S.21.

Sonst gilt es als anerkannt, dass die frühesten Schriftzeichen in die Shang Dynastie im 2. Jahrtausend v. Chr. zurück datiert werden.[6]

Viel unterschiedlicher sind die Ursprünge im Westen und im Osten auch nicht gewesen. Das es sich bei den ersten chinesischen Schriftzeichen um Piktogramme[7] handelt, ist für Sinologen keine Überraschung. Am häufigsten findet man bei einer Einführung in die chinesische Schriftsprache eine Tabelle mit den Zeichen für Pferd *mă* 马, Sonne rì 日 und Fisch, *yú* 鱼 zusammen mit den früheren Formen der Zeichen und den Langzeichen, wobei man bei 馬 die Mähne, vier Beine und den Pferdeschwanz erkennen kann[8].

Über die Jahrtausende, in denen Schrift und Bild sich entwickelten, haben die beiden Medien verschiedene Richtungen genommen – obwohl eine Verschmelzung der beiden immer wieder beobachtet werden kann (z.B. die illustrierten Bibeln des Mittelalters, chinesische Malerei mit eingefügten Kommentaren[9]), lässt sich aber eine Entwicklung erkennen, die grob so formuliert werden könnte:

Bild >Bild als Repräsentation eines Lautes > Buchstaben>Schrift (ohne Bilder)

Mit dem Medium Comic schließt sich der Kreis; eine Wiederkehr des Systems von Bild als Erzählmittel – obwohl diesmal mit Zusatzinformation anhand der begleitenden schriftlichen Sprache.

b. Beispiele für Bilder, die eine Geschichte erzählen

Im Folgenden werden zwei Beispiele für Geschichten gegeben, die durch Abbildungen erzählt werden. Das erste ist die Trajansäule, die im Trajansforum in Rom zu finden ist. Als zweites Beispiel wird der Wandteppich von Bayeux genannt.

Die Trajansäule wurde im Jahre 133 AD vom römischen Senat und dem römischen Volk, Kaiser Trajan gewidmet. Sie steht 33m hoch und wurde mit einer umwickelnden Fries geschmückt, dessen Länge ca. 250m misst, und schließt 2,500 Figuren ein. Der Fries gilt als das längste Relief in der europäischen Kunstgeschichte. Das Relief stellt die zwei Kriege gegen die Daker vor, die

---

[6] http://www.china.org.cn/english/2003/Jun/66806.htm
[7] Ein Symbol, das Information durch vereinfachte grafische Darstellung vermittelt.
[8] Als Beispiel siehe: A Practical Chinese Reader I, 高务印书馆, The Commercial Press. Beijing, 1981. S.18.
[9] In der klassischen chinesischen Malerei war es üblich, für wichtige Gelehrte die Werke von Künstlern zu loben indem sie ihre Kommentare und Siegel auf das Bild einfügten.

ein barbarisches Volk waren, das verbreitet über einem großen Gebiet im heutigen Rumänien und Moldawien zu finden war.

Obwohl BAUER als zweites Beispiel die altägyptischen Totenbücher[10] nennt, präsentiert diese Arbeit noch ein weiteres kriegerisches Denkmal.

Der Wandteppich von Bayeux ist trotz seines englischen Namens (The Bayeux Tapestry) kein echter Wandteppich, sondern zusammengestickte Leinenstücke mit einer Gesamtlänger von 70m mit 1515 bestickten Figuren (Krieger, Pferde, Schiffe usw.), die in einem 30 cm hohen mittleren Band und zwei kleineren Bänden (oben und unten) erscheinen. Der Wandteppich stellt die Eroberung Englands durch die Normannen im Jahre 1066 da.

Das, was beide Beispiele hier gemeinsam haben ist, dass die Geschichten von beiden Kriegszügen chronologisch „erzählt" werden, d.h. beide Geschichten fangen am Anfang mit den Kriegsvorbereitungen an, dann kommt die Mobilisierung der Truppen, die Schlacht und schließlich der Sieg. Genauso wie in westlichen Texten, werden sie von links nach rechts „gelesen". Ein Unterschied besteht aber darin, dass der Wandteppich von Bayeux wörtliche Erklärungen innerhalb der Bildrahmung liefert– im Gegensatz zur Trajansäule.

Zufällig wurde der Wandteppich von Bayeux auch von Comic-Künstler und -Theoretiker Scott McCloud (1960 -) in seinem Werk „Understanding Comics (1993)" ausgewählt als Beispiel eines Vorläufers des modernen Comics. Andere gegebene Beispiele aus aller Welt sind „Ocelots Claw" (die Kralle des Ozelot), eine prä-kolumbianische Wandmalerei, die um das Jahr 1519 in Mexico von Konquistador Hernán Cortés entdeckt wurde,[11] eine Szene aus dem Grab von Menna, dem Landverwalter von Thutmosis IV in Luxor, die mehr als dreitausend Jahre alt ist[12], und „The Tortures of Saint Erasmus", ein gedruckte Geschichte in 16 Rahmen, die um 1640 entstanden ist.[13]

Im Gegenteil zu einer fließenden Geschichte, zeigen viele andere Darstellungen der Antike und Moderne nur entscheidende Momente wie z.B. die 12 Taten des Herakles, die auf den Metopen des Zeustempels in Olympia zu finden waren (jetzt im Britischen Museum). In diesen Darstellungen ist Herakles entweder kurz davor oder dabei etwas zu tun oder die Tat ist gerade

---

[10] BAUER 1977 S.7
[11] McCLOUD S.10
[12] McCLOUD S.14
[13] McCLOUD S.16

geschehen. Eine volle Geschichte finden wir nicht, und um das Ganze verstehen zu können, muss man zuerst mit der ganzen Geschichte vertraut sein.

In China selbst gibt es viele Beispiele von Geschichten, die aus mehreren Teilen bestehen. Seifert bemerkt, dass die Comic Forscher BAI Chunxi, LIU Yuheng und ZHANG Jinlu[14] dieses Phänomen in der Töpfermalerei zwischen 2000 – 476 v.Chr. erkannt haben. Diese Tendenz zog sich gänzlich durch die chinesische Geschichte seine Entwicklung hindurch, und fand sich nicht nur im Handwerk sondern immer mehr auch in den Werken von Literaten und Beamten wie z.B. „Die Nymphe vom Luo-Fluss", eine Jin-zeitliche Bildrolle, die in neun Teilen gegliedert ist.[15]

c. Ursprung des Begriffs „Comic"

Das Wort „Comic" kommt aus dem Englischen, welches wiederum vom Lateinischen „Comicus" kommt. Der lateinische Begriff lässt sich auf das griechische „komikos" zurückführen, dieser wiederum lässt sich von „komos"(absichtlich lustig) ableiten. Das Wort Comic wird im Englischen sowohl als Substantiv im Sinne von Komiker benutzt, als auch als Adjektiv mit der Bedeutung „humoristisch".

Der amerikanische Cartoonist Scott McCLOUD definiert Comics so:

„Comics... Juxtaposed pictorial and other images in deliberate sequence, intended to convey information and / or to produce an aesthetic response in the viewer."[16]

Einige Worte nun zur Entwicklung des Mediums „Comic": Es gab ursprünglich Bilderbücher oder Texte, die mit Bildnissen ergänzt wurden. Natürlich gibt es Bilderbücher immer noch, aber mit der Zeit haben einige Publikationen dem Bild eine immer wichtigere Rolle zugeschrieben, was zur Schaffung von „Comics" führte. Die europäische Entwicklung wird in Abschnitt „3.a In der Welt - Erste Schritte" beschrieben.

Im Chinesischen gab und gibt es verschiedene Ausdrücke für Comics, nämlich 连环画 liánhuánhuà, 漫画 mànhuà und 卡通 kǎtōng. Da Katong als Leihwort aus dem Englischen „cartoon" stammt und hauptsächlich den Animationsfilm bezeichnet, und da Manhua mehr für

---

[14] Bai et al. A pictorial History of Chinese Comics. 中國連環畫發展圖史 Zhongguo Lianhuanhua Fazhan Tushi. 中国连环画出版社, 1993.
[15] SEIFERT S.19-22 aus Bai et al, 1993.
[16] McCLOUD S.9 Leider gibt er keinen Hinweis zur Quelle dieser Definition aber sie wird oft in anderen Werken zitiert.

„Karikatur" oder „politische Cartoons" steht und aus dem Japanischen *Manga* stammt, wird in der vorliegenden Arbeit die Bezeichnung *Lianhuanhua* verwendet, wie es viele Autoren zu diesem Thema auch machen..

Das Wort Lianhuanhua wurde zum ersten Mal im 20en Jahrhundert weitläufig verwendet und lässt sich aus dem Begriff 连环图画 liánhuán túhuà oder „Kettenbilder" ableiten. Laut FAQUHAR, tauchte *lianhuanhua* zufällig zum ersten Mal mit der Veröffentlichung im Jahre 1925[17] von einer Version des klassichen. Romans *Xiyouji* aus dem 17. Jh. von Autor WU Chen'en auf. Diese Information stammt aus dem Buch" *Zhongguo lianhuantuhua Shihua*" von A Ying[18] und glücklicherweiser gibt er auch den Namen des Verlags als „Shanghai Welt Verlag" („上海世界書局出版") an.

Es ist hier zu erwähnen, dass diese Version nicht konkret in dem Nachschlagewerk von LIN Min erwähnt wird. Die Liste von Comics zwischen 1920 und 1940 „*Xiandai lianhuanhua xunzong* " hat nur 3 Erwähnungen von *Xiyouji* als *Lianhuanhua* (siehe Figure 1 – Ausschnitt von 现代连环画寻踪 mit den drei Erwähnungen von *Xiyouji*) und keine von den dreien ist anhand der für die Arbeit zugänglichen und benutzten Quellen mit der von A Ying genannten Version eindeutig zu identifizieren. Trotz dieser fehlenden Informationen, berichtet A Ying (wie auch erwähnt von Farquhar und Seifert) dass der Begriff „Lianhuantuhua" nicht überall benutzt wurde, und dass es andere Bezeichnungen für Comic gab. Die meisten waren regional, mit Namen wie *xiaorenshu* 小人書(im Norden) und *gongzishu* 圖畫書 (Guangxi und Guangdong).[19] In Zhejiang wurden sie „Pusashu" (菩薩書) genannt und „Yayashu" (牙牙書) in Hankou (nämlich „Kinderbücher"). In Shanghai hielt sich die Bezeichnung „Tuhuashu" (圖画書) bis zum 14. Jahr der Republikzeit (1925) als schließlich die schon genannte Version von „*Xiyouji*" des Shanghaier Welt Verlags

---

[17] FAQUHAR 1999 S.194
[18] A Ying, 1925. „A Comparative history of Chinese Comics".
[19] Ibid. und SEIFERT S.13,

den Namen „Lianhuantuhua" festlegte, wonach jeder anfing chinesische Comics so zu nennen." [20]

3. Ankunft des Comics als Medium

Das ganze Thema Comics und wie sie heute identifiziert werden, könnte mehrere Bände füllen, also sollen hier nur einige Wendepunkte erwähnt werden.

a. In der Welt - Erste Schritte

Im Jahre 1827 wurden in einer britischen Zeitschrift die ersten illustrierten Witze und Karikaturen veröffentlicht, die als Vorläufer des modernen Comics identifiziert werden können. „The Gallery of Comicalities" in „Bell's Life in London and Sporting Chronicle" waren so beliebt, dass vier Jahre später (02.01.1831) die erste Sammlung von 34 dieser Bilder als eine Seite wiederveröffentlicht wurde. Es war ein Experiment, welches dem Verlag großen finanziellen Gewinn einbrachte. Fast sechs Monate später (am 24. Juni), wurde noch eine Sammlung als eine 4-seitige zeitungsgroße Edition von früher veröffentlichten Illustrationen von George Goodyer wiederveröffentlicht. Indem die Produktionskosten dieser sog. „The Gallery of 140 Comicalities" £735 waren und 178.000 Exemplaren zu je 3 Pfennig (prä-Dezimalisation) verkauft wurden, lässt sich der Gewinn mit ungefähr £1490 berechnen – mehr als 200%. Dieses Experiment war derart erfolgreich, dass bis zum Jahre 1841 auch die Teile II bis VII verkauft waren. [21]

Der erste Comic, in welchem man eine heutige erkennbare Form sehen kann, wurde am 12 Dez. 1874 veröffentlicht. „Funny Folks" war der erste wöchentlich veröffentlichte Comic, der günstig genug war um massenverbreitet zu werden. Immerhin gab es bisher keinen wiederkehrenden Charakter und die Massen mussten noch warten bis der immer blaumachende und alkoholsaufende Ally Sloper, von Charles Henry ROSS (1842 - 1897) in der Zeitschrift „Judy" zum Leben erweckt wurde. Der Erfolg dieser Figur wuchs bis ihm ab dem 3 Mai, 1884 ein eigener Comic gewidmet wurde. „Ally Sloper's Half Holiday" lief 40 Jahren lang. [22]

---

[20] Auf meine Übersetzung basiert: „当时对連环圖画的称呼也不統一，北方叫"小人書"，兩广 叫"公仔書"，浙江 叫"菩薩書"，汉口叫"牙牙書"（即孩子書的意 思），上海叫"圖画書"，一直到民国十四年（1925),上海世界 書局出版一部西遊記，定名叫做"連环圖画"，大家纔廳統一的叫起來。" aus A Ying: Zhongguo lianhuantuhua Shihua S.25.
[21] Hunt S.239
[22] Hunt S.241

In Europa sehen McCLOUD als auch DUNCAN & SMITH einen Rodolphe TÖPFLER (1799-1846) als Vater des modernen Comics, der um die Mitte des 19. Jh. Bilder und Text in den sog. „Panel Borders" kombinierte mit milder Satire[23], und vor allem durch seine Nutzung von „sequential art"[24].

Im Jahre 1876 begann der Verlag von Ströfer und Kirchner die Veröffentlichung des *Münchener Bilderbogens*, welcher zwei Gruppen von 20 nummerierten Einzelblättern in Großformat war, die verschiedene Geschichten von unterschiedlichen Künstlern präsentierten. Diese Blätter wurden später auch als Bücher gebunden und verkauft. Ströfer und Kirchner war auch der Verlag, der den deutschen Klassiker *Max und Moritz* von Wilhelm BUSCH (1832 - 1908) zum ersten Mal im Jahre 1865 der Welt präsentierte.

b. Übers Meer

Diese Entwicklung des neu erfundenen Mediums blieb natürlich nicht nur in Europa, und das Medium fand seinen Weg über den Atlantik, wenn auch etwas später. Wann Comics in den USA anfingen veröffentlicht zu werden ist etwas umstritten, und verschiedene Bücher geben unterschiedliche Informationen darüber. Vielleicht liegt die Schwierigkeit darin, was man damit meint, wenn man über Comics spricht, da verschiedene Forme zu unterschiedlichen Zeiten erschienen.

Es gab Bücher und Zeitschriften mit Illustrationen und einzelrahmigen Cartoons, Zeitungen mit Illustrationen, Cartoons und sequentiellen „Strips". Außerdem gab es einfache Einzelblätter mit verschiedenen Cartoons und sequentiellen „Strips". Dann gab es „Comics" bevor letztendlich das heute bekannte „American-style Comic Book" erfunden wurde.

Mehr als eintausend Bücher mit Comic „Strips", die zuerst in Zeitungen veröffentlicht wurden, erschienen in den USA zwischen 1897 und 1932. Der erste und berühmteste davon ist wohl der „Yellow Kid", der schon 1863 als Einzelbild Cartoon erschienen ist.

---

[23] TÖPFLER (Begleitwort) S.5,„Wenn er künftig einen weniger frivolen Gegenstand wählte und sich noch ein bißchen mehr zusammennähme, so würde er Dinge machen, die über alle Begriffe wären." Übers. in McCLOUD S.17 – GOETHE sagte über TÖPFLER:"If for the future he (TÖPFLER) would choose a less frivoulous subject and restrict himself a little, he would produce things beyond all conception."
[24] DUNCAN/SMITH S.25. (Panel borders & Sequential art – Cartoon Rahmen & Darstellungen der Geschehnissen in chronoloisch ordneten Bildnissen.)

Der erste amerikanische Comic mit Cartoons, die nicht zuerst in Zeitungen veröffentlicht wurden, erschien erst im Jahre 1929 und hieß „The Funnies". Er lief 36 Ausgaben lang[25]. Aber es war trotzdem erst im Jahre 1933, als der sog. „Vater des amerikanischen Comic Books"[26] „Funnies on Parade" zum ersten Mal erschien. Diese Publikation wurde zuerst als kostenlose Werbung von der Firma Proctor and Gamble herausgegeben und war ein erneuter Druck von syndizierten Comic Strips, die schon in Zeitungen veröffentlicht worden waren.[27]

In Großbritannien war das Medium von Anfang an von Humor geprägt. In den USA war dies am Anfang auch so, aber das Genre von Superheld „Comic Books" ist populärer geworden als in Großbritannien. Mit der ersten Ausgabe von *Action Comics* im Jahre 1938 [28] ist Superman (komplett mit Rotem Cape und Unterhose über der blauen Hose) ein Hit gewesen, der noch heute in mehreren Medien bewundert werden kann. Die Popularität von Superman half die Vorliebe für Superhelden in amerikanischen Comic-Books zu verstärken. Während der Kriegsjahre des 2. Weltkrieges, wurde das Genre vom Superhelden weiterentwickelt und sogar als Propagandamittel benutzt, das bewusst auf die Jugend zielen sollte. Dieser Punkt wird in Abschnitt „5.b Macht der Comics" wieder aufgegriffen.

4. Comics in China

Obwohl sich die Geschichte des chinesischen Comics laut *LU Xun* (1881-1936), zu den Holzschnitten der kaiserlichen Dynastien zurückführen lässt, wurde der erste in China veröffentlichte Comic aus dem Jahre 1867 nicht von Chinesen selbst veröffentlicht. „The China Punch" war eine Zeitschrift mit Karikaturen und witzigen Illustrationen, die auf der europäischen Zeitschrift „Punch" basierte und sich an die ausländischen Einwohner von China richtete.

Der erste wahre chinesische Cartoonist war Tse Tsan-tai 謝纘泰 (1872 - 1938), der aus der britischen Kolonie von Hong Kong stammte. Sein Werk, "Shi Guk To" 時局圖 (The Situation in the Far East) wurde im Jahre 1899 in Japan gedruckt und war eine politische Aussage über die

---

[25] DUNCAN/SMITH S. 28.
[26] Hunt S.253
[27] Hunt S.257
[28] Eine gescannte Version des 1. Exemplars ist unter http://xroads.virginia.edu/~ug02/yeung/actioncomics/cover.html zu finden

negativen Bedingungen in China, die durch die Kolonialmächte verursacht wurden.[29] Die erste Cartoon Zeitschrift „Shanghai Puck" wurde im Jahre 1918 veröffentlicht.[30]

Genauso wie bei dem europäischen Gegenstück, (Siehe oben: „The Gallery of Comicalities" in „3.a In der Welt - Erste Schritte") war eines der ersten Antriebe für die Comicproduktion der Gewinn. Im Gegensatz allerdings zu den europäischen Comics, kam man bald auf die Idee, dass das Ausleihen der Comics gegen Bezahlung noch mehr Geld einbringen könnte – und sogar mit niedrigeren Produktionskosten. Bald gehörte das Ausleihen von Comics zur Alltagsszene. Dies bedeutet, dass mehr Exemplare in den Comic „Bibliotheken" erhältlich waren, als sich in Privatbesitz befanden.

a. Comics: der Westen und China – ein Vergleich

Auf den ersten Blick sieht man sofort einen großen Unterschied im Format, wenn man *Lianhuanhua* mit modernen westlichen Comics vergleicht. Die Comics in England und den US sind auf große gefaltete Querformatseiten gedruckt, so dass der Effekt eine in Hochformat gedruckte Publikation ist. Jedes Blatt hat einige oder sogar mehrere Zeichnungen, obwohl es, um einen dramatischen Effekt zu gewinnen, auch nicht unbekannt ist, eine ganze Seite mit einem einzigen detaillierten Bild zu füllen, oder sogar ein sog. „Double Spread" auf zwei nebeneinander stehenden Seiten zu komponieren, insbesondere quer über die mittleren Seiten[31]. Das Layout dieser Bilder hängt von der Einstellung des Künstlers ab. Die späteren Beispiele von *Xiyouji* des Verlags *Anhui meishu chuban* (安徽美术出版) aus dem Jahre 2010 und *Xiaonian ertong chuban* (少年儿童出版) des Jahres 2005 sind nach dem Muster der westlichen Comics bzw. japanischen Manga gestaltet.

Die traditionellen chinesischen Comics, die *Lianhuanhua* heißen, sind dagegen auf kleinen Blättern in Querformat gedruckt. Die kleinere Größe der Seiten der Lianhuanhua resultiert in ein Bild pro Seite, ein Konzept, das den Comic Book Kennern aus dem Westen

---

[29] WONG S.13
[30] FAQUHAR 1995 S.142
[31] Die meisten Comics in England und den US sind in Querformat gefaltete Blätter, die im oberen und unteren Drittel des Blattes zusammengeheftet sind. So ist der Comic leicht breit zu öffnen, und so werden die Illustrationen und „Strips" der mittleren Seiten oft über beide Seiten arrangiert. Der Buchrücken der *Lianhuanhua* entgegen ist oft mit Kleberstoff zusammengehalten, was dickere Bücher mit einer größeren Seitenzahl ermöglicht, aber gleichzeitig die künstlerische Freiheit des Layouts begrenzt. Der Versuch ein Bild über zwei nebeneinander stehende Seiten zu drucken, resultiert in dem Verlust von Details in dem Bereich, wo die Blätter zusammengeklebt sind.

„andersartig" erscheint. Während moderne westliche Comics Sprechblasen haben, und sich die Handlung sowohl anhand der Dialoge als auch an der Mimik und der Gestik der Protagonisten erklären lässt, wirken die Illustrationen der etwas älteren chinesischen Comics etwas statisch und steif auf unerfahrene Betrachter aus dem Westen[32]. Sprechblasen in *Lianhuanhua* sind selten und spärlich gesät. Den Text, mit welchem alle Handlungen erklärt werden, findet man entweder unter oder neben den Illustrationen. Diese Vorliebe für Bildunterschriften über Sprechblasen stammt laut LENT aus den Richtlinien für die Künstler, und geschah teilweise aus dem Grund, dass Sprechblasen als weniger ästhetisch empfunden, und teilweise weil die Bildunterschriften mehr Möglichkeiten für erzählerische Informationen geben. [33]

Im Jahre 1932 gab LU Xun eine Beschreibung der Form der *Lianhuanhua*, in der er erzählt, wie sich ein *Lianhuanhua* von einem Bilderbuch unterscheidet: „Ursprünglich waren Buchillustrationen als Verzierung zum Stimulieren des Interesses des Lesenden gedacht, aber... sie ergänzen nicht den Text, also gibt es eine zweite Art von Illustration, die als Erklärung fungiert. Wenn man den Text verstehen kann, indem man sich einzig auf eine zusammengenommene Anzahl letzterer stützt, während diese [dic Illustrationen] separat von ihm [dem Text] sind, bilden sie einen einheitlichen/einzelnen Comic. ."[34]

Westliche und chinesische Comics unterscheiden sich nicht nur in Größe und Layout voneinander. Der Inhalt der westlichen und chinesischen Comics kann auch sehr unterschiedlich sein. Eine Kombination von zwei Faktoren lassen die chinesischen *Lianhuanhua* als weniger interessant wirken. Erstens, da Comics als Erziehungsmittel für „die Massen" dienen, haben viele Geschichten eine Betonung auf moralische (zumindest aus der Stellungnahme der KPCh) Werte. Zweitens, wie schon bemerkt, wirken die Abbildungen etwas steif. Dies liegt daran, dass viele *Lianhuanhua* nach Einzelszenen gezeichnet wurden, die aus zeitgenössischen Spielfilmen stammen.

b. Schwierigkeit der Studie

Das größte Problem bei der Forschung von Comics in China, besonderes in der früheren Phase des 20en Jahrhunderts, liegt darin, dass Comics nie für die Ewigkeit konzipiert wurden. Das billigere Papier und der Mangel an einem schützenden Bucheinband spiegelte das ursprüngliche

---

[32] ECO aus NEBIOLO S.318
[33] LENT. S. 296 aus HWANG, John C. *Popular Media in China*. Honolulu, 1978.
[34] Meine Übersetzung aus dem Englischen von FARQUHAR S.194 aus LU Xun „Lianhuantuhua" Bianhu', LU Xun Quanji Bd.5 S.40

13

Denken wider, dass ein Comic entstand um eine gewisse Zeit gelesen zu werden, bevor er in den Müll wanderte. Nicht anders als in England und Nordamerika, wo dagegen dass Sammeln von Comics seit langem ein Hobby gewesen ist. Aufgrund der großen Not während der Kriegsjahre und der Massenvernichtung von „unpassender" Literatur während der verschiedenen politischen Kampagnen der 60 er und 70er Jahre[35], bestehen unersetzbare Löcher auch in den größeren Sammlungen. Ein weiteres Problem bestand darin, dass einige Titeln nur eine Gesamtauflage von einigen hundert Exemplaren hatten. Man hat Glück, wenn die verschiedenen Verlage noch Exemplare in ihren Archiven aufbewahren.

Auch in dem für Comic-Forscher unschätzbarem Nachschlagewerk *Xiandai lianhuanhua xunzong* (现代连环画寻踪) sind die Lücken leicht zu erkennen. Bei mehr als 3000 *Lianhuanhua,* sind nur drei Versionen von *Xiyouji* erwähnt zwischen 1920 und 1940: Dies sind nämlich die von:YAN Xiaotang (严绍唐- ohne Jaresangabe), SUN Ruofo(孙若佛 – 1933) und JIN Shaomei (金少梅 – 1929).

- 1335 严绍唐 YAN Xiaotang 绘 - 文化书局

- 1336 孙若佛 SUN Ruofo 绘 上海香港书局, 1933 年出版

- 1337 金少梅 JIN Shaomei, 章兴瑞绘, 世界书局, 1929 年出版

Figure 1 – Ausschnitt von 现代连环画寻踪 mit den drei Erwähnungen von *Xiyouji*

5. "Just for kids?"

Comics im Westen richteten sich ursprünglich nicht an ein Lesepublikum im Kindesalter. Wie oben schon gesehen (3.a), wurden die ersten Comics, die eine Form hatten, welche man heute als Comic erkennen könnte, in Zeitschriften für Erwachsene veröffentlicht. Der Inhalt war meistens politisch, aber um viele Illustrationen in kurzer Zeit erschaffen zu können,, waren die Illustrationen manchmal vereinfacht, was allerdings auch ein zusätzliches lustiges Element

---

[35] wie z.B. die Kulturrevolution.

hinzufügte. Die „Unechtheit" dieser vereinfachten Illustrationen eignete sich natürlich sehr für den Weltblick von Kindern. Nach einer gewissen Zeit richteten sich Comics in einigen Ländern hauptsächlich an Kinder.

Heißt es dann, dass Comics nur für Kinder geeignet sind?

An dieser Stelle soll ein Missverständnis geklärt werden. Ab und zu hört man, dass Comics oft irrtümlich als Genre beschrieben werden. Hier muss klar gesagt werden, dass der Comic kein Genre ist, sondern ein Medium, welches genauso viele Genre unter sich hat, wie bei anderen Medien (Bücher, DVD usw.) nämlich Superheld- oder Gruselcomics, Humor oder Liebegeschichte, Informative oder Science Fiction-Comics usw.

In Frankreich und Belgien wird das Medium des „Bandes desinées" von Jung und Alt gelesen und wird manchmal auch sehr erfolgreich exportiert (Asterix, Die Schlümpfe, Tim & Struppi). Aber dazu gibt es auch eine ganze Reihe von Comics, die außerhalb ihrer Ursprungsländer relativ unbekannt bleiben, da sie sich an Erwachsene richten (z.B. „Barbarella", dessen Allbekanntheit gesichert wurde, indem die Comics wegen ihrer sexuellen Inhalte von der Polizei konfisziert wurden. Eine Tat, die dem Comic dazu verhalf ein Bestseller zu werden, von dem letztendlich 1967 ein Film mit Jane Fonda in der Hauptrolle produziert wurde. [36])

Auch in Japan gehören Comics zum Alltag, und der Einfluss von Mangas ist überall auch in Europa zu sehen. Die Versionen für Erwachsene schließen auch „*Hentai*" ein, die im Vergleich zu ihren europäischen Cousinen, mit den leicht sexuell angehauchten Zweideutigkeiten, schlicht und einfach pornographische Szenen darstellen. In Japan ist es möglich Erwachsene auch in der U-Bahn beim *Hentai* lesen zu sehen, und die Möglichkeit solche Bände aus Automaten kaufen zu können, lässt neue Besucher über Japan staunen.

Obwohl sie ursprünglich zur Unterhaltung von Erwachsenen gedacht waren, wurden moderne Comics aus Großbritannien und den USA lange Zeit als Unterhaltung für Kinder betrachtet. Die Comics, die sich spezifisch an Erwachsene richten, werden oft als „underground" Comics bezeichnet, und werden sogar „Comix" geschrieben. Das „x" in Comix lässt auf ihren „X-rated" – also nicht ganz jugendfreien - Charakter vermuten. Ein großes Beispiel aus den USA, ist das von dem Künstler Robert CRUMB (1943 -) erschaffene Werk „Fritz the Cat", welches Szenen von Sex und Drogengebrauch darstellt. Ab 1954 diente „The Comics Code Authority" als eine Art

---

[36] SABIN S.189

15

von Selbst-Kontrolle innerhalb der Comic Book Industrie[37]. Diese Selbstzensur versicherte, dass Comics, die sich an Kinder richteten, nur positiv belegte, wertvolle Inhalte enthielten und entstand hauptsächlich aus groß angelegten Medienkampagnen, die gegen die als negativ verdächtigten Wirkungen von Gewalt in Comics der 1950er Jahren auf die Jugend gekämpft haben sollen. Diese Zensur verlor immer mehr an Bedeutung unter den Comicverlagen, und das Siegel „Approved by the Comics Codes Authority" wurde zuletzt von „Archie Comics" im Februar 2011 veröffentlicht.[38]

Im Gegensatz zum Selbstzensursystem der USA, diente die Regierung als offizielle Zensur für Comics in Großbritannien. Ein wiederkehrendes Thema des Comics „Action" war die damalige Jugend, die gegen böswillige Autoritätsfiguren kämpfte und gewann. Solche fiktiven Stürze von Autoritäten erregten große Kritik von der damaligen amtierenden konservativen Regierung. Als Beispiel erwähnt Ben LITTLE eine Szene in der Erzählung „Look out for Lefty", die zeigt, wie ein Mädchen bei einem Fußballspiel eine Colaflasche auf Spieler wirft.

Die Veröffentlichung dieses Comics fiel rein zufällig mit einigen Ereignissen von besonders aggressivem Fußballhooliganismus zusammen, was in großem Druck von Seiten der Zensur mündete, und letztendlich zum Einstellen des Comics im Jahre 1976 führte[39].

Um solche Hindernisse zu umgehen, war der Comic „2000ad", der am 26 Februar 1977 ins Leben gerufen wurde, eine bahnbrechende Publikation, die in der Gestalt von Science-Fiction politisch brisante Themen behandelte. Laut LITTLE, war 2000ad die Lösung für die strenge Zensur von Comics in Großbritannien der 1970er Jahre. Es ist nicht nur, weil die politischen Themen unter futuristischen Erzählungen tief verborgen waren, sondern auch, weil die Erzählungen leicht verständlich genug für jüngere Leser waren, aber auch eine Fülle von Referenzen enthielten, die nur für Erwachsenen verständlich waren[40], dass „2000ad" auch 34 Jahre später noch veröffentlicht wird.

Ein Beispiel für einen britischen Comic, der von Anfang an nur für Erwachsene konzipiert wurde, ist der aus Newcastle stammende Humor Comic/Zeitschrift „Viz", der im Jahre 1979 ins Leben gerufen wurde. Einige der Comic Strips parodierten den leicht naiven Stil von Comics aus dem früheren 20er Jahrhundert, die ein Nostalgiegefühl in seiner reifen Leserschaft erweckten und mit

---

[37] ADAMS S.48
[38] http://www.newsarama.com/comics/comics-code-authority-defunct-since-2009-110124.html
[39] Berninger S.143
[40] Berninger S.143.

Hilfe von Vulgaritäten und einem oft krassen und ordinären / sexuellen Charakter Geschichten kreierten, in denen die originalen Vorlagen schon noch zu erkennen sind, aber noch ironischer und lustiger wirken, obwohl sicher nicht für jeden Geschmack geschaffen sind.

a. Die Rolle der chinesischen Comics

Das Comics in China überhaupt überlebt haben, hat man vielleicht dem sogenannten Vater des *Baihua* selbst zu verdanken. *LU Xun* befürwortete *Lianhuanhua* nicht nur wegen ihres ästhetischen Stils oder sogar als Literatur für Kinder, sondern befürwortete sie auch als ein politisch-didaktisches Medium. [41] Obwohl LU viel Zeit hauptsächlich zur Bildung der Jugendlichen widmete, war er der Meinung, dass Comics große Möglichkeiten für die Erziehung des ganzen Volkes schaffen könnten und nicht nur für Kinder. Er sah *Lianhuanhua* als eine „Möglichkeit, Wissen auf einer breiteren Basis zu vermitteln und das Niveau von Allgemeinbildung anzuheben" und war bestrebt *Lianhuanhua* zur Alphabetisierung des Volkes einzusetzen.[42] Tatsächlich nahmen anhand der Schwierigkeit für die Massen (für einen großen Anteil war es doch noch eine Unmöglichkeit), chinesische Texte zu lesen ohne irgendwelche visuellen Hinweise, *Lianhuanhua* eine wichtige Rolle ein, und zwar als ein Kulturvermittler. Für viele Analphabeten oder Semianalphabeten galten *Lianhuanhua* auch als ein wichtiger Zugang zu klassischer Literatur.

Man muss die Zeit, zu der er gehörte durch prä-4.Mai Augen betrachten. Obwohl nach 1919 der Zugang zu Literatur durch *Baihua* statt *Wenyan* vereinfacht wurde, war die Schwierigkeit tausende Schriftzeichen zu lernen für einen großen Anteil der Bevölkerung immer noch problematisch. Mit Unterstützung von Bildern, die den begleitenden Text darstellten, hatte man dieses Problem natürlich etwas erleichtert. Gibt es für den Lesenden ein paar Zeichen, die unbekannt sind, erschließt sich ihm trotzdem der Sinn anhand der grafischen Darstellung. Comics sind dann eine Methode der Abkehr von der Elitefixierung von Literatur und Kunst. Es wäre, laut der Grundposition LUS, eine Möglichkeit für das Publikum fleißig zu lernen, allerdings nur solange die Künstler ihren Stil und die Form am Publikum orientieren, und die zu ermittelnden erwünschten Informationen verständlich machen.

Im Werk *International Companion Encyclopedia of Children's Literature* erklärt HUNT, dass bis zum 20. Jahrhundert, Kinder nur die Literatur hatten, die auch für Erwachsene geschrieben wurde

---

[41] SEIFERT. S.37
[42] SEIFERT. S.39

oder Literatur, die für Bildung geeignet war d. h. die konfuzianischen Klassiker und auch der *Sanzijing* oder Drei-Zeichen-Klassiker, der als Lehrbuch benutzt wurde. Sonst gab es wirklich keine fiktive Literatur, die eigentlich nur für Kinder konzipiert war. [43] Dieses Argument soll nicht zu sehr vertieft werden, aber es kann behauptet werden, dass das *Xiyouji* ursprünglich für jedes Alter konzipiert wurde – weder allein für Erwachsene, noch für Kinder. Wenn man die Exemplare durchliest, die für diese Arbeit verwendet wurden, wird es auch offensichtlich, dass einige davon schon anhand ihrer Gestalt, für Kinder konzipiert wurden, und einige anhand komplexer Sprache (z.b. durch den älteren literarischen Stil *Wenyan*) nicht.

Unter den 3 für diese Arbeit verwendeten Exemplaren, die zum Medium *Lianhuanhua* gehören (d.h. schwarz/weiss, Quer- und Kleinformat, ein Bild pro Seite usw.) ist deutlich, dass mindestens ein Exemplar eine alte literarische Form benutzt. Es ist nicht ganz *Wenyan* aber auch nicht unbedingt *Baihua*. Einige Konstruktionen sind etwas zu komplex für Kinder und die Nutzung von Chengyus wie 晓行夜住 „mit mühe immer unterwegs" und 渴饮饥餐[44] „tun nichts anders als die Grundlage zu überleben" weisen nicht nur auf ein etwas älteres Publikum hin, sondern auch auf die Rolle des Comics als Zugang zu Literatur and sprachlicher Ausbilder.

b. Die Macht der Comics

In ihrem Werk „The Power of Comics" (die Macht der Comics) geben DUNCAN und SMITH einen Einblick wie Propaganda in Comics, unter anderem während der Jahre des zweiten Weltkriegs, verwendet wurde. Es gab natürlich die positiv wirkenden Gestalten der Heroen wie z.B. Captain America, der Hitler ins Gesicht schlug[45] oder andere patriotische Gestalten, die zu dieser Zeit geschaffen wurden. Aber zu Propaganda in amerikanischen Comics gehört auch die Entmenschlichung der feindlichen Mächte, um Hassgefühle im Leser zu entfachen. Besonders beschrieben sind die Bilder der geifernden japanischen Soldaten mit schlangenartigen Giftzähnen und grün-gelblicher Haut. Oft waren diese nicht nur entmenschlicht sondern auch als Tiere oder Ratten dargestellt „sodass es nur natürlich schien, sie zu exterminieren".[46] Der Comic wurde als

---

[43] HUNT S.820

[44] Xiyouji. 通天河除妖. 连环画出版社（朝花少年儿童出版社）S.6.

[45] Marvel comics. Captain America, Nr. 1, März, 1941.

[46] D UNCAN/SMITH S.250.

"child of propaganda" beschrieben, der "engaged in a cycle of quotation and cross-quotation" ist.[47]

So wurden Comics als Propagandamittel in China auch während des Kriegs mit Japan verwendet. LENT zitiert A.L. BADER mit den Worten „All (caricatures), however, are calculated to arouse hatred of the invader." Und es waren nicht nur „Underground" Organisationen, die diese Cartoons propagierten. Es gab sogar verschiedene Organisationen, die sich der Schaffung von Propaganda-Cartoons widmeten, u.a. Shanghai Cartoon Salvation Society, Cartoonist Propaganda Team und National Cartoon Association. Trotz der Knappheit von Papier und der strengen Kontrolle der japanischen Besatzung, fanden chinesische Künstler die Möglichkeit ihre Werke in Ausstellungen zu zeigen. Eine solche Ausstellung von der Cartoon Worker-Student Group im Jahre 1947 endete mit der Festnahme von 3 Studenten und der Zerstörung vieler Kunstwerke.[48]

Das Lesen von Comics von der breiten Bevölkerung war in den 20er und 30er Jahren enorm gestiegen. Natürlich sah auch die Linke das Potential von einem solchen Mittel und befürwortete die Adaption und Nutzung davon für die breite Bevölkerung während des anti-japanischen Krieges und des Bürgerkrieges.[49] Im Jahre 1926 gab MAO Zedong selbst der Kunst ein großes Gewicht bei der 6. Sitzung des Instituts der Bauernbewegung. [50] Er hatte den Wert von Propaganda für „Revolutionäre Zeichnungen" erkannt, und 18 Jahre später bei den_YAN'AN Reden im Jahre 1942 erklärt er, wie Propagandakunst benutzt werden sollte:

> Das einzige, worauf der Revolutionskünstler zielen sollte sind die Angreifer, die Ausbeutender, die Unterdrücker und die schlechten Einflüsse unter dem Volk, aber niemals auf das Volk *per se*.[51]

Aber die Frage ist, ob sich *Xiyouji* selbst in diesem Schema wiederfinden könnte? Ist die Geschichte politisch oder könnte die Geschichte zumindest politisch benutzt werden?

Bei vielen Comics ist das Ziel, durch ein idealisiertes Vorbild „ den Massen" ein gutes Beispiel zu geben und dadurch, „die Massen" auszubilden. Gute Beispiele dafür sind die übersetzten *Lianhuanhua*, die in dem Buch „Das Mädchen aus der Volkskommune" präsentiert werden[52].

---

[47] DUNCAN/SMITH S.248-249.
[48] LENT S.293
[49] FAQUHAR 1995 S.142
[50] Peasant Movement Institute aus LENT S.284
[51] Eigene Übersetzung aus LENT S.293 „For the revolutionary artists, the only target to be aimed at is the aggressors, exploiters, oppressors, and the bad influences among our people, but never at our people themselves, per se."

In den meisten chinesischen Comics als auch in Comics anderer Kulturen, gibt es Darstellungen von den Bösen und den Guten. Dieser ewige Streit ist immer ein Bestandteil des Geschichteerzählens gewesen. Obwohl die Ursprünge des Zitats unbekannt sind, wurde oft angenommen, dass William Churchill gesagt hat, dass „der Sieger Geschichte schreibt" – und wer Geschichte schreibt, kann bestimmen, wer böse ist. Es ist nicht immer so leicht zu sehen wer böse und wer gut ist, wie in amerikanischen Cowboy-Comics, worin der Böse immer schwarze Kleidung trägt. Außerdem ist wie man Böse definiert kulturabhängig. Laut BAUER besitzen Begriffe wie „gut" und „böse" „neue Stellenwerte" und sind von ihrer politischen Bedeutung her zu beobachten. [53] Wie FAQUHAR berichtet, hat das Hineininterpretieren von politischen Doppeldeutungen in literarische Texte, in China eine lange Tradition. Angeblich sollte auch der sehr beliebte Meister Kongzi politische Bedeutungen in den unwahrscheinlichsten Liebesgeschichten gefunden haben.[54]

LU Xun zitiert XIE Jiaoji (HSIEH Chao-chih) und dessen Interpretation des Charakters von SUN Wukong als Allegorie für die menschliche Intelligenz und dessen von ZHU Bajie als physische Begierde. LU sagt auch, dass obwohl WU Cheng'en Gelehrter war, er *Xiyouji* auch zur Unterhaltung geschrieben hatte, und daher sollte man nur etwas in die Charaktere hineininterpretieren, wenn unbedingt nötig.[55] Während Literatur instrumentalisiert wurde und der KPCh zu kommunistischen Propagandazwecken gedient hat, scheint das im Falle von *Xiyouji* weitestgehend vermieden worden zu sein. Aber ein Streitpunkt zwischen MAO Zedong und dem damaligen Vorsitzenden der Wissenschaftlichen Akademie GUO Moruo drehte sich um Eine Adaption von Xiyouji, deren Fokus weder auf Sun Wukong als „den Guten" noch auf dem Weissknochen-Gespenst als „den Bösen" lag, sondern auf dem Mönch Tang Seng, der als ein mittlerer Charakter gesehen wurde, der weder gut noch böse war. Obwohl es bei diesem Streit laut FAQUHAR um die Oper „SUN Wu-kung besiegt das Weissknochen-Gespenst dreimal" von 1961 ging, könnte er auch für den Comic von 1963 gelten, der auf der Oper basierte.

Nachdem GUO die Oper gesehen hatte, schrieb er, dass wegen der Unfähigkeit den Unterschied zwischen Dämonen und Menschen zu erkennen, und indem er freundlich zu Feinden und

---

[52] Ausgewählter Beispiele sind: A Ha aus der Geschichte „Brief aus Südvietnam", LI Ming-kang aus „Spurenverfolgung" und HSIAO Ting as „Blaues Meer und rotes Herz".
[53] BAUER S.133.
[54] FAQUHAR 1999 S.226.
[55] FAQUHAR 1999 S. 226

furchtbar zu Freunden war, hatte der Mönch „... es verdient, in Stücke gerissen zu werden".[56] Darüber hinaus spiele laut GUO der Dämon die Rolle vom Imperialismus, während der Mönch KHRUSCHEV sei, der Führer vom revisionistischen Russland.

Die Antwort von MAO richtete den Fokus wieder auf SUN Wukong als Wundertäter, und nahm die Position ein, dass der Dämon böse sei und nicht der Mönch. Als Gegenantwort änderte GUO seine Meinung über den Mönch und beschrieb ihn als einen, den er wegen des Leidens unter Qual bedauert "[57] worauf MAOs unklare Antwort lautete: "The reply is good, no more."The monk deserved to be torn from limb to limb." It's good to take the policy of united front towards the centralists."[58]

Blickt man noch weiter zurück in die Vergangenheit, so war ZHANG Guanyu sehr aktiv als Führer der Widerstandskünstler während der Besatzung durch japanische Truppen in China. Aufgrund der damaligen unsicheren Situation für einen politisch engagierten Künstler, musste er mehrmals fliehen (Hong Kong, Zhanjiang, Chongqing), und es war in Sichuan im Jahre 1945, wo er *Xiyouji* als Grundlage für sein Werk *Xiyoumanji* benutzte.[59] Diese Reihe von 60 Bildern erzählt die Geschichte vom Affenkönig mit dem Schwein und dem Mönch und wie sie zusammen durch verschiedene Länder reisen um die heilige Schriften – die *Demokratie* – zurück nach China zu bringen. Diese Wiedererzählung der Geschichte spiegelt die Tendenz der Japaner wider, die Geschichte zu adaptieren ohne große Rücksicht auf das Original (vgl. Dragonball u.a.) zu nehmen, während chinesische Versionen, bis auf wenige Ausnahmen, der ursprünglichen Geschichte immer eine gewisse Treue hielten. Das andere Beispiel für eine „geänderte" Version von *Xiyouji* sind beide Bände von *Xiyouji* vom taiwanesischen Zeichner CAI Zhizhong, die sehr an die Parodien von zeitgenössischen Filmen und Fernsehsendungen im amerikanischen „Mad Magazine" erinnern. Obwohl diese Version auch eine humorvolle Abwandlung der originalen Geschichte zeigt, ist sie keineswegs offensichtlich politisch im Charakter. Die einzige Erwähnung im ersten der zwei Bücher, die als politisch verstanden werden könnte, ist ein kurzer Hinweis auf den umstrittenen Kernkraftreaktor Nr. 3, der in Pingdong County gebaut wurde.[60]

---

[56] FAQUHAR 1999 S.230 aus MAO „Kuo Mo-juo's Poem „On seeing the Monkey Subdue the Demon" (Poems, Beijing, 1976.)
[57] Meine Übersetzung „ one who suffering from torment, knows regret". FAQUHAR 1999 S.231
[58] ibid.
[59] SULLIVAN, S.120
[60] TSAI Chih Chung, Journey to the West Book 1, 1993. S.77.

Xiyouji selbst ist schwierig zu identifizieren als Propagandamittel. Bisher ist keine bestimmte Erwähnung in der Sekundarliteratur aufgetaucht, die explizit bestätigt, dass *Xiyouji* ein /kein Propagandaverbreitungsmittel war und ist. Mit Ausnahme des obengenannten Beispiels und der veränderten Version von ZHANG Guanyu scheint es, dass die meisten Versionen keine bestimmte Propaganda verbreiten – außer der Bedeutung, die der Leser selbst hinein zu interpretieren vermag.

c. *Xiyouji als Comic*

Xiyouji nimmt eine besondere Stellung in der Geschichte des chinesischen Comics ein, da die erste benannte Comic Version von *Xiyouji* aus dem Jahre 1925 vom Shanghai Welt Verlag (上海世界書局出版) veröffentlicht wurde[61]. Es ist diesem Comic zu verdanken, dass der Begriff *Lianhuantuhua* existiert, da dieser als erster mit diesem Begriff bezeichnet wurde. Durch dieses Beispiel lässt sich eine etwas längere Tradition von *Xiyouji* als Comic erkennen, die 80 Jahre später noch existiert. Seit der Veröffentlichung des Buches selbst im 17.Jh., wurde *Xiyouji* als Oper, Animation, Live Action Film usw., und wurde als Thema von vielen Künstlern entlehnt. Der Sprung zum neuen Medium Comic war dann folglich eine natürliche Entwicklung, und eine neue Art diese Geschichte zu genießen, die schon in anderen Formen konsumiert werden konnte.

Aber, wem oder was verdankt man die Popularität dieser Geschichte?

Die Geschichte ist zwar eine Abenteuergeschichte, die den Leser mit Elementen wie Tapferkeit, Kühnheit, Handlungssprüngen und vielen kämpferischen Szenen unterhält, aber ist das alles genug um Ihre Berühmtheit für die Ewigkeit zu sichern oder könnte es auch daran liegen, dass die Geschichte einen Affen darstellt, der auch menschliche Qualitäten besitzt?

Anthropomorphismus, - die Vermenschlichung von Tieren oder Gegenständen - ist ein weltweit verbreitetes Phänomen in der Literatur und Geschichte, das bis hin zurück zum weltberühmten Aesop und seinen Fabeln vor mehr als 2500 Jahren reicht, und ist bis heute in Form von jeglichen, auf Tieren basierenden oder einfach nicht-menschlichen Cartoon Charakteren wie Bugs Bunny, Mickey Mouse, Pokemon, erhalten geblieben – und ein Ende ist nicht in Sicht. Die nahe Verwandtschaft in Gestalt und Biologie zwischen Mensch und Affe, ist sicher ein Faktor bei der Popularität von *Xiyouji*. MAO selbst wurde in Bezug auf Affen und ihre Kühnheit zitiert. Wie

---

[61] A Ying. S.25

oben erwähnt, haben MAO und GUO Moruo eine Debatte über die Rollen in *Xiyouji* geführt, in seinen schriftlichen Werken, wurde der Affenkönig erwähnt [62], und in der Zeitschrift „Spiegel" des Jahres 1974 sagt Mao über sich: "In mir lebt der Geist eines Tigers, und er ist vorherrschend, aber er wird auch vom Geist eines Affen begleitet."[63] Vielleicht ist es deswegen auch, dass MAO so oft die Energie und Intelligenz des SUN Wukongs gelobt hat, und könnte auch ein Hinweis auf die Unsterblichkeit der Geschichte in alle ihren Formen sein.

Trotz der leichten Betonung auf religiösem Glauben, war *Xiyouji* für die nichtreligiöse Kommunistische Partei auch ein risikofreies Thema. Die Herausforderung nach Indien zu reisen um die Schriften nach China zu bringen, zeigt eine Selbstlosigkeit in den Mitreisenden, die als perfektes Vorbild für MAOs neues China dargestellt werden kann. Das Ziel hatte nichts mit Reichtum und wenig mit Ruhm zu tun sondern mit der Verbesserung des Zustands in China.

In seinem Werk „The Hero With a Thousand Faces" erzählt Joseph CAMPBELL über die Rolle, die die Suche oder „the Quest" in der Literatur von der Antike bis in die Gegenwart gespielt hat. Die Suche kann nach irgendeinem Gegenstand oder etwas Spirituellem sein, und ist ein prinzipieller Bestandteil von fast aller Literatur, von der Sage von „Gilgamesh" über „Oddyseus" und „die Legende von König Arthur" bis hin zur Reihe „Krieg der Sterne" (Star Wars). Es ist eine Widerspiegelung der Natur des Menschen und seiner ewigen Suche nach immer besseren, optimaleren Lebensbedingungen.

6. Die Popularität von *Xiyouji* in Comics

Obwohl einige für diese Arbeit benutzte Exemplare der Erzählung in den letzten 5 - 10 Jahren zum ersten Mal veröffentlicht wurden, lassen sich andere Exemplare in Form und Stil zu einer früheren Zeit datieren.

Es gibt auch Exemplare, auf denen nur das Datum der letzten Wiederauflage angegeben wurde, obwohl anhand von Stil und Form erkennbar ist, dass sie nicht zu diesem Datum zum ersten Mal veröffentlicht wurden (z.B. eine volle Sammlung S/W *Lianhuanhua* (in einer Präsentationsschachtel vom Verlag 上海人民美术出版发行 die nur das Nachdrucksdatum vom

---

[62] The Writings of Mao Zedong, 1949-1976: September 1945 - December 1955 By Zedong Mao, Michael Y. M. Kau, John K. Leung S.400
[63] Spiegel. 11.03.1974

Jahre 1996 als „in diesem Form" Erstdruckdatum sowohl das Datum 2010 tragen obwohl frühere Drucke dieser Exemplaren sind aus dem Jahre 1982 [64] zu kaufen).

Eine kleine Sammlung von 5 Episoden der Erzählung, die als Einzelhefte gedruckt und zusammen in einer Kunststoffbox unter den Namen *Xiyoujigushi* (西游记故事)[65] verkauft wurden, ist auch von dem Verlag 上海人民美术出版发行 erhältlich. Diese Bände stammen ursprünglich aus den Jahren 1954 und 1955, so die Einleitung zu jedem Band. Natürlich, sind mit Ausnahme der unterschiedlichen Künstler, die beiden Editionen kaum voneinander zu unterscheiden. Tatsächlich könnte man die 5 Bände aus der Reihe der 20 Bände mit ihren korrespondierenden Bänden von *Xiyoujigushi* ersetzen, und außer den Unterschieden in Deckblatt und Einleitung sowie einem minimalen Unterschied in Größe, würde es anhand des Aussehens des Inhalts niemandem auffallen, dass die Bücher nicht zu einer einheitlichen Sammlung gehören, trotz des Unterschiedes im Erscheinungsdatum von fast 30 Jahren.

Im Vergleich dazu, ist die Version von 少年儿童出版社 farbig, in Großformat gedruckt, und erschien im Jahre 2005. Jedes Blatt enthält mehrere vollfarbige Bilder, die offensichtlich Computergrafiken benutzen – vor allem die Hintergrundszenen, die nicht im Fokus sind, um dem Lesenden eine Illusion von Tiefe zu geben. Die Illustrationen geben den Eindruck eine Mischung aus Manga und Disney zu sein.

Durch einen solchen Vergleich, sieht man sofort, dass die Schanghaie Version aus den 1950ern und 1982 mehr den *Lianhuanhua* ähneln, die NEBIOLO und BAUER für ihre Studien des Genres benutzen.[66] Die Erzählungen aus „Das Mädchen aus der Volkskommune" stammen z.B. aus den Jahren zwischen 1964 und 1967. Mit der Geschichte *Lei Feng* (雷锋, S.247 – 305) sieht man ein schönes Beispiel, wie Filmszenen aus einem Kinofilm genommen und als *Lianhuanhua* zusammengestellt wurden. Wie von ECO bemerkt, wirken chinesische Lianhuanhua unorganisch

---

[64] Bisher ist ein konkretes Erstdrucksdatum nicht zu finden gewesen, obwohl Exemplaren mit dem Datum 1982 auf den Seiten http://book.kongfz.com/10427/104300041/ und http://tan.kongfz.com/16603/5348488/ zum Verkauf angeboten werden.

[65] Im Unterschied zu den 13 Künstlern der 20 Bände von *Xiyouji* war der Hauptkünstler für alle fünf Bände von *Xiyoujigushi* CHÉN Guāngyì (陈光镒).

[66] Siehe die Bücher von NEBIOLO (, Das Mädchen aus der Volkskommune: Chinesische Comics) und BAUER (Chinesische Comics: Gespenster, Mörder, Klassenfeinde).

und statisch, ein Grund dafür ist, dass viele Lianhuanhua ursprünglich nach Einzelszenen aus Kinofilmen kopiert und nachgezeichnet wurden.

Wenn man die zeichnerische Geschicklichkeit der Zeichner in den anderen Erzählungen analysiert, die im Sammelband das „Das Mädchen aus der Volkskommune" präsentiert werden, ist bemerkenswert, mit welcher akribischen Genauigkeit die eher unwichtigen Elemente , wie z.B. Bäume, Pflanzen, Blumen, u.s.w. gezeichnet wurden.[67] Sehr oft scheinen diese Elemente von den Protagonisten abgeschnitten zu sein, wofür es einen sehr guten Grund gibt. Nur die erfahrenen Künstler hatten die Aufgabe, die Figuren zu zeichnen. Alle Hintergründe wurden von jüngeren Künstlern gezeichnet, die zuerst Erfahrung durch solche Aufgabe sammeln mussten, bevor sie die Gelegenheit bekamen die Figuren zu zeichnen, und somit ihr Name im Titel erwähnt wurde.[68]

Trotz ihrer stilistischen Verschiedenheiten, erkennt man dieses Phänomen auch in z.B. der Versionen von *Xiyouji* des Verlags 上海人民美术出版发行. Auf Seite 82 des 1. Bandes(大闹龙宫) und auf den Seiten 58 und 109 von Band 13 (火焰山) sowie auf mehreren Seiten des Band 18 (无底洞) sieht man Beispiele von Figuren, die etwas in der Luft zu hängen scheinen, und nicht unbedingt zu ihren Hintergründen passen.[69] Im Gegensatz zum Kommentar von NEBIOLO, dass chinesische *Lianhuanhua* statisch Wirken, werden viele Szene, vor allem Kampfszene, sehr dynamisch dargestellt mit vielen akrobatischen Elementen, die von der Geschichte *Xiyouji* zu erwarten sind. Es scheint hier, dass das Element der Fantasie eine größere grafische Freiheit erlaubt, die nicht nur die Leser genießen können sondern auch den Künstlern die Gelegenheit bietet, ihr Talente auf den Kleinformatblättern der *Lianhuanhua* zu zeigen.

Dass Comics, die vielleicht 40 bis 60 Jahre alt sind, noch im 21.Jh. solche Popularität genießen, so dass sie wieder als Einzelbände veröffentlicht werden, ist im Westen selten zu sehen. Ausnahme sind natürlich die bunten klassischen „Bandes Desinées" aus Frankreich und Belgien (Tim & Struppi, Asterix), und auch die Bände der von Charles M. SCHULTZS geschaffenen

---

[67] Für gute Beispiel u.a. Siehe S. 107, S.187, S.211.
[68] Seifert S.42.
[69] In dieser Reihe ist Band 20 besonderes zu erwähnen, wegen der armen Qualität im Vergleich mit den anderen Bänden, der von einem Chen Guchang (陈谷长) gefertigt wurde. Die Qualität der Figuren in diesem Band ist einfach nicht mit den anderen Bänden zu vergleichen. Die Gesichter der menschlichen Figuren scheinen alle schief zu sein und die Figuren sind über-simplifiziert.

„Peanuts" und allerlei von Walt DISNEY, dass in schönem, farbigem Großformat immer wieder veröffentlicht wird.

So eine lange Tradition von der Wiederbearbeitung eines Comics, der einem einzigen Roman entstammt, und als „Klassiker" bezeichnet werden kann, unterstreicht die Popularität von *Xiyouji* nicht nur als Comic sondern auch in alle seinen Formen. Im Westen gibt es kein solches Werk, das mit *Xiyouji* verglichen werden könnte. Man könnte vielleicht versuchen die Tradition von *Xiyouji* mit den sporadischen Veröffentlichungen von Bibelgeschichten zu vergleichen, die als Comic erscheinen[70]. Diese aber genießen keinen solchen kommerziellen Erfolg innerhalb der breiten Bevölkerung, wie *Xiyouji* dies zu schaffen vermag.

Man könnte vielleicht *Xiyouji* mit dem Charles DICKENS Klassiker „A Christmas Carol" vergleichen – dessen Thema die Quelle für unzählige Filme, Radio- und Fernsehensendungen ist, und auch als Basis für viele unterschiedliche auch ungewöhnliche Adaptionen diente. [71] Von der Publikationsmenge der original getreuen nicht veränderten Geschichte her, kann„A Christmas Carol" allerdings nicht mit Xiyouji verglichen werden.

---

[70] Für einen Überblick der erhaltbaren Titeln, Amazon gibt eine Liste unter: http://www.amazon.com/Comic-Book-Bible-Adaptations/lm/RP6HJFWU5YV9X
[71] wie z.B. Disney's A Christmas Carol (1972),A Jetson Christmas Carol (1985), The Six Million Dollar Man:"A Bionic Christmas Carol"(1976), Scrooged (1988),Blackadder's Christmas Carol (1988), Quantum Leap: A Little Miracle (1990), Bah, Humduck! A Looney Tunes Christmas (2006), Barbie in a Christmas Carol (2008), Ghosts of Girlfriends Past (2009),Doctor Who: A Christmas Carol (2010) u.v.m.

7. Zusammenfassung

Die Erzählung *Xiyouji* von WU Cheng'en ist eine Besonderheit innerhalb der Geschichte der chinesischen Literatur. Nicht nur als Roman ist sie bekannt, sondern auch als Oper, Fernsehserie – z. B. als Fortsetzungs-Telenovela, Animationen usw... Im 20. Jahrhundert schaffte sie schließlich auch den erfolgreichen Sprung in das neue, aus dem Westen stammende Medium des Comics, und wird seit dem Jahre 1925 bis hinein in die moderne Zeit auch in diesem Medium umgesetzt und verbreitet. Es scheint, dass diese Kontinuität nicht von politischem Dogmatismus beeinflusst wurde, und mit Ausnahme von einigen „geänderten" Versionen, bleiben die verschiedenen Veröffentlichungen der ursprünglichen Erzählung des Romans ziemlich treu. Die Geschichte selbst hat in diesen grafischen Formen sowohl als Bildungsmittel als auch zur Unterhaltung gedient. Politische Propaganda, die mit diesen Comics assoziiert wurde, stammt hauptsächlich aus der Interpretation des Lesers.

Da die Erzählung *Xiyouji* in so vielen verschieden Formen zu finden ist, lassen sich andere westliche Erzählungen mit ihr nicht leicht vergleichen. Der Erfolg von *Xiyouji* über die Jahre hinweg, ist ein besonderes Phänomen nicht zuletzt in der Geschichte von chinesischen Comics.

8. Anhang

a. *Verwendete Comic Versionen von Xiyouji.*

Verlag und Druckjahr	ISBN		Beschreibung
新知三联书店 1992	7-108-00468-2	Band I	Taschenbuch. S/W Humoristische Parodie. Sprechblasen, und erzählung unten.
新知三联书店 1992	7-108-00524-7	Band II	Taschenbuch. S/W Humoristische Parodie. Sprechblasen, und erzählung unten.
Asiapac Books 1994	9971-985-87-x	Book 1	Taschenbuch. S/W Eng. Übersetzung, Sprechblasen
江苏少年儿童出版社 1994	7-5346-1234-9	Voll- geschichte	Gebunden. Farbig. Kinderbuchstil, 4 Bilde pro Seite, Erzählungen untern.
上海人民美术出版发行 1996 (nachdruckdatum)	978-7-5322-1646-8	Vollset	Lianhuanhua S/W Erzählungen untern.
少年儿童出版社 2005	7-5324-6641-8	Vollset	Comic. Farbig / Japanische Mangastil
上海人民美术出版发行 2009	978-7-5322-5925-0	Ausgewählte Geschichte	Lianhuanhua S/W Erzählung seitlich / Sprechblasen
安徽美术出版社 2010	978-7-5398-2187-0	Vollset	Taschenbuch. Farbig / Final fantasy Stil
中国连环画出版社 2011	978-7-5056-1371-3	Ausgewählte Geschichte	Lianhuanhua S/W Erzählungen untern.

9. Literaturverzeichnis

- A Ying 阿英. A Narrative History of Chinese Comics (中国连环图画史话) Shandong, 1957.

- ADAMS, Jeff. Documentary Graphic Novels and Social Realism. Bern, 2008.

- BODMER, Frederick. Die Sprachen der Welt. [The Loom of language...] Geschichte, Grammatik, Wortschatz in vergleichender Darstellung. [Aus dem Englischen übers.] Köln, 1959.

- BAUER,Wolfgang. Chinesische Comics: Gespenster, Mörder, Klassenfeinde. Düsseldorf, 1976

- CETTO, Anna Maria. Der Wandteppich von Bayeux. Stuttgart, 1969.

- DUNCAN, Randy. SMITH, Matthew J. The Power of Comics: History. New York, 2009.

- FARQUHAR, Mary Ann. Children's literature in China: from Lu Xun to Mao Zedong. London, 1999.

- HAARMANN, Harald. Geschichte der Schrift. München, 2002.

- HUNT, Peter. BANNISTER RAY, Sheila G. International Companion Encyclopedia of Children's Literature. London 1996.

- LENT, John. *Comic Art* in In WU Dingbo und MURPHY, Patrick D. (Hrsg). Handbook of Chinese Popular Culture, S. 279-305. Westport, CT, 1994.

- LIN Min(林敏). *Xiandai lianhuanhua xunzong* (现代连环画寻踪), 中国连环画出版社, 1993.

- LITTLE, Ben aus BERNINGER, Mark (Hrsg). Comics as a nexus of cultures: essays on the interplay of media, disciplines and international perspectives.

- McCLOUD, Scott. Understanding Comics, The Invisible Art. Northampton (US), 1993.

- NEBIOLO Gino (Einleitung), WIDMANN Arno (Übersetzer), ECO Umberto (Nachwort), Das Mädchen aus der Volkskommune: Chinesische Comics. Hamburg, 1972.

- SABIN, Roger. Adult Comics, An introduction. London, 1993.

- SEIFERT, Andreas. Bildgeschichten für Chinas Massen: Comic und Comicproduktion im 20. Jahrhundert. Köln, 2008.

- SULLIVAN, Michael. Art and artists of twentieth-century China. Berkley,1996.

- TÖPFLER, Rodolphe / VULPIUS, Walter La bibliotheque de mon oncle. Genf, 1832.

- WILFRIED. Kasper (Hrsg). Handbuch der antiken Kunst. München, 1976.

- WONG, Wendy Siuyi. *Hong Kong Comics: A History of Manhua.* New York. 2001.

29

a. Elektronische & Online Ressourcen

- Encyclopædia Britannica 2009 Ultimate Reference Suite. Chicago, 2009

- http://seattletimes.nwsource.com/html/localnews/2004168903_orangutan07m.html - am 12.07.2011

- 中国连环画史话 http://read.chaoxing.com/ebook/detail.jhtml?id=10508115 – am 15.07.2011

- http://xroads.virginia.edu/~ug02/yeung/actioncomics/cover.html Action Comics Nr. 1. am 18.07.2011

- http://www.spiegel.de/spiegel/print/d-41739072.html am 18.07.2011 zugegriffen.

- http://www.china.org.cn/english/2003/Jun/66806.htm (China Daily 12.06.2003) am19.07.2011

- http://www.amazon.com/Comic-Book-Bible-Adaptations/lm/RP6HJFWU5YV9X am 06.09.2011

- http://www.newsarama.com/comics/comics-code-authority-defunct-since-2009-110124.html am 26.09.2011

BEI GRIN MACHT SICH IHR WISSEN BEZAHLT

- Wir veröffentlichen Ihre Hausarbeit,
  Bachelor- und Masterarbeit

- Ihr eigenes eBook und Buch -
  weltweit in allen wichtigen Shops

- Verdienen Sie an jedem Verkauf

Jetzt bei www.GRIN.com hochladen
und kostenlos publizieren